AUX FRERES UNIS,

Fonds de Librairie, paſſage S. Germain-l'Auxerrois, vis-à-vis la principale porte de l'Egliſe, en face de la Colonade du Louvre, à Paris.

PROSPECTUS

Du *Tableau des Sciences & des Arts, & du Syſtême figuré des Connoiſſances humaines;* par JEAN CHEVRET. Ouvrage préſenté ſous verre à la Convention nationale qui en a agréé l'hommage, décrété & fait mention honorable dans ſon procès-verbal du 20 Novembre 1792.

POUR ſervir de développement, de milieu & de pendant au TABLEAU CENTRAL DES OPINIONS & DE L'ÉDUCATION PUBLIQUE, du même auteur, & agréé par l'Aſſemblée conſtituante qui en a décrété le dépôt dans ſes archives le 18 Juillet 1791; & l'Aſſemblée légiſlative, après l'avoir honoré de ſa diſcuſſion le 22 Octobre ſuivant, en a décrété le renvoi au Comité d'Inſtruction publique, avec les 83 exemplaires de ce Tableau en feuille, & les explications deſtinées aux 83 Départemens.

Si vous voulez pour l'âge amaſſer un tréſor
Plus cher, plus précieux que les bijoux & l'or,
Dévouez les beaux jours de votre adoleſcence
Aux arts ingénieux, à l'auguſte ſcience;
Car l'auguſte ſcience eſt pour celui qui l'aime,
Un organe nouveau de ſon bonheur ſuprême.
Le Philoſophe de Sans-Souci.

LES ſciences en elles-mêmes tendent toutes de leur nature, à l'avantage de la ſociété; elles travaillent de concert en faveur de

A

la vertu & de la vérité. Par la *Grammaire* & la *Rhétorique* qui
font comme les fondemens des connoiſſances humaines, elles
apprennent à parler & à bien parler, pour éclairer l'eſprit &
toucher le cœur. Par la *Logique*, elles apprennent à bien penſer,
& dirigent l'eſprit dans la recherche de la vérité, dont la *Métaphyſique*, comme la ſcience des principes & des grands objets
qu'offrent à nos yeux Dieu, l'homme & l'univers, ouvre le ſanc-
tuaire. Par la *Morale*, qui fait connoître à l'homme ſe droits, &
lui trace ſes devoirs envers Dieu, lui-même & les autres, elles
le préparent à croire, eſpérer & aimer ce que la religion offre à
ſa foi, à ſon eſpérance & à ſon amour; & l'homme ayant acquis
par ces connoiſſances préliminaires la juſteſſe de l'eſprit & la droi-
ture du cœur, c'eſt-à-dire, la véritable ſcience, celle qui le diſpoſe
à bien uſer de ſon ſavoir, elles le font entrer par la *Phyſique* & les
Mathématiques dans les ſciences naturelles & exactes, qui le
rendent également habile dans la connoiſſance des phénomenes de
la nature, des beaux-arts & des arts méchaniques : & par les
Belles-Lettres où brillent le génie des Poëtes & l'érudition univer-
ſelle, elles répandent les graces de l'eſprit ſur toute eſpece de
connoiſſances .Enfin par *l'Hiſtoire* qui embraſſe l'univerſalité des
connoiſſances humaines, elles font l'homme expérimenté; &
comme le témoin des tems & la meſſagere de l'antiquité, elles
développent l'origine des choſes, la naiſſance de l'homme, ſon
origine, ſon établiſſement ſur la terre, ſa multiplication, la for-
mation des empires, leur élévation, leur décadence & leur chûte,
les progrès des ſciences & des arts, leur extinction & leur renaiſ-
ſance ſucceſſives; car les ſciences, ces vives lumieres qui éclairent
nos eſprits, éternelles dans leurs ſources puiſqu'elles font, dit
l'illuſtre *d'Agueſſeau*, une émanation de la Divinité même, ſem-
blent devenir mortelles & périſſables par la contagion de notre
fragilité : immuables en elles-mêmes, elles changent par rapport
à nous; comme nous, on les voit naître, & comme nous on les
voit mourir : l'ignorance ſuccede à l'érudition, la groſſiereté au
bon goût, la barbarie à la politeſſe.

Douter donc de l'avantage des ſciences, & demander s'il eſt
utile de les cultiver, c'eſt demander s'il eſt avantageux d'être
éclairé; & mettre en parallèle la ſcience qui eſt la lumiere de l'eſprit
avec l'ignorance qui en eſt les ténebres, c'eſt comparer la lumiere
du jour avec l'obſcurité de la nuit, l'erreur avec la vérité.

Oui, les ſciences font un puiſſant ſecours à notre foibleſſe; car
notre ame enchaînée dans les liens du corps & comme courbée
vers la terre, ne ſe releveroit jamais, dit l'illuſtre d'Agueſſeau, ſi
la ſcience ne lui tendoit la main pour la rappeler à la ſublimité de
ſon origine.

En effet, qu'eſt-ce que cultiver les arts & les ſciences qui font l'objet de l'éducation, ſi ce n'eſt étendre l'empire de la raiſon, embellir à nos yeux le ſpectacle de la nature, s'approcher de plus en plus de la ſcience des rapports qui uniſſent Dieu, l'homme & l'univers, enfin de la reſſemblance & de la ſcience de Dieu même?

« La plus grande erreur de toutes, dit le Chancelier *Bacon*, eſt donc de ſe tromper ſur le but auquel les ſciences doivent tendre, qui doit être de faire ſervir ce don divin de la raiſon à l'utilité des autres, pour la gloire du Créateur & le bonheur du genre humain. »

« Auſſi il ne ſuffit pas, dit *Platon*, que dans le conſeil d'un Prince ou d'une République, il y ait des gens habiles dans tout ce qui regarde la paix, la guerre & dans toutes les autres parties de la politique, s'ils ne ſont habiles dans la ſcience de ce qui eſt très-bon, c'eſt-à-dire, que s'ils ne ſont conduits par l'eſprit de Dieu, & s'ils ne ſavent parfaitement ce qui eſt le meilleur & le plus juſte, ils ſont incapables de bien gouverner un état, & on n'y verra régner que diſcorde & qu'injuſtice. Une ame donc, une ville, une république, qui veulent être heureuſes, ajoute ce Philoſophe célebre du Paganiſme, au ſeul nom duquel toute l'élévation des ſciences & toute l'aménité des Lettres ſe préſentent à l'eſprit, doivent, dit-il, acquérir cette ſcience qui ſeule mene les autres à bien ; car où la ſcience de Dieu n'eſt pas, il n'y a point de bien, parce qu'il n'y a de véritables juſtes & de véritablement prudens, que ceux qui ſavent faire leur devoir envers Dieu & envers les hommes, dans leurs paroles & dans leurs actions, ce qui eſt la véritable ſageſſe. »

Car être ſage, c'eſt joindre la ſcience à la vertu ; c'eſt avoir l'eſprit éclairé & le cœur réglé, ce qui eſt le fruit de l'inſtruction, de l'étude, d'un travail perſévérant, & particulierement de la religion qui eſt la colonne immuable de la vérité poſée au milieu de l'univers, pour être le point de ralliement & le centre d'unité du genre humain, la Philoſophie par excellence, puiſqu'elle eſt la ſcience de Dieu même par laquelle il ſe communique à l'homme & l'homme s'unit à Dieu.

Or l'homme n'ayant de moyens d'acquérir des connoiſſances que par les *ſens*, la *raiſon* ou la *foi*, ſoit divine, ſoit humaine, ne peut reconnoître que trois eſpeces de certitudes, la *Phyſique*, la *Logique* & la *Morale* dont les preuves, quoique bien différentes, doivent également le convaincre ; il ſe doit à l'évidence de ces ſens, quand le jugement a prononcé ; à l'évidence des motifs de crédibilité, lorſqu'il s'agit de faits ; & à l'évidence des preuves démonſtratives de la raiſon, lorſqu'il s'agit de ſciences du reſſort

(4)

de l'esprit. Car la *Philosophie* raisonne & prouve, & la *Religion* fait croire, non ce qui est contraire à la raison, mais ce qui lui est supérieur : l'une de conséquence en conséquence remonte au premier principe ; & l'autre, c'est la Religion qui, avec une science certaine qui en émane, développe son ouvrage, expose sa magnificence, commande & donne ses loix. Ici, on ne reconnoît aucune autorité, que l'évidence des preuves : là, il en est une infaillible, celle même de Dieu à qui seul appartient, non de prouver, mais de prononcer la vérité, de la faire croire & de la faire aimer, parce que seul il est l'Etre dont l'essence est la loi, la vérité même, la lumiere des esprits, le centre unique du repos éternel des cœurs & le Seigneur des sciences.

Tous les ouvrages des hommes où brillent l'intelligence & la sagesse, doivent donc avoir pour but essentiel la connoissance de la vérité ; & tous, comme des ruisseaux d'une même source ou des rayons émanés du même centre de lumiere, ne faire ensemble qu'un tout fondé sur le même principe. Car la vérité est une, une seule voie y conduit, & mille routes en écartent & conduisent à l'erreur qui n'est qu'une suite d'égaremens qui se multiplient à l'infini : car ainsi qu'un voyageur qui suit une fausse route, plus ils marchent, plus ils s'égarent.

C'est pour rappeler sans cesse la jeunesse à cette unité de principes par les doubles moyens de la Philosophie & de la Religion, que nous avons, dans *le Tableau central*, exposé aux yeux le méchanisme admirable de l'univers, & uni l'auteur à son ouvrage, comme le principe, le centre commun de tous les rapports ; car il est reconnu que tout être, quel qu'il soit, tend vers un centre commun ; que les corps pesent chacun sur leur centre particulier ; & que tous les centres particuliers ont un rapport respectif à d'autres centres, ceux-ci à d'autres, & ainsi de suite jusqu'au centre général de l'univers, centre commun qu'on n'a pu fixer encore, dit le P. *Castel*, & que, suivant les apparences, nous ne trouverons jamais, sinon en Dieu qui est le principe & la fin de toutes choses, « l Etre, dit *Tite de Moldavie*, qui n'est ni divisé, ni » borné, dont le centre est par-tout & la circonférence nulle part, » dont toutes choses émanent & auquel elles retournent. ».

Telle est la vérité, le premier principe, posée dans le Tableau central, où la *puissance*, l *sagesse*, l'*amour*, la trinité & l'unité de Dieu y sont comme dans un centre autour duquel semble rouler tout l'univers d'une maniere constante & réguliere, & où mille rayons peuvent nous conduire. Car toutes les vérités, dit un Auteur célebre, nous élevent naturellement à la vérité suprême : il n'y a, pour y atteindre, qu'à nous laisser conduire à la trace de leur lumiere dont les rayons nous menent droit au foleil, à ce foleil d'intelligence, qui nous donne tout à-la-fois & fa lumiere & l'amour de fa lumiere pour le chercher.

La vérité eft donc la nourriture falutaire de l'efprit & du cœur pour tous les âges, la lumiere qui doit être commune à tous les hommes, & fon amour, le figne le plus affuré d'une belle ame & le plus beau des caracteres de l'efprit, & ce qui, dans notre entendement, eft le remede de toutes nos erreurs, dans notre cœur le frein de toutes nos paffions, & dans la vie civile le lien le plus affuré de la fociété : en infpirer l'amour, c'eft donc concourir à éclairer l'efprit & former le cœur de l'homme, tourner fa volonté vers la vertu, en un mot, à perfectionner fes mœurs & jetter les fondemens de fa vraie gloire & de fa véritable grandeur, & concourir enfin par des moyens folides au bonheur de la patrie & de l'humanité.

Il eft donc effentiel, on le répete, & nos Légiflateurs, à leur gloire & pour le bonheur de la Nation, ont proclamé leurs travaux aux yeux de l'univers fous les aufpices de cette primitive & fuprême Vérité, pour en infpirer le refpect & l'amour. Il eft donc effentiel, nous le répétons encore, d'en infpirer de bonne heure l'amour à la jeuneffe, parce qu'il eft dfficile, quand on aime la vérité, qu'on n'ait auffi du zele pour la juftice qui eft, dit *Ciceron*, la vertu par excellence & celle qui, avec la connoiffance de nos droits, la jufte idée de l'égalité & de la liberté des hommes, nous porte à l'exercice légitime de tous nos devoirs envers Dieu, nousmêmes & les autres, qui font les fources uniques de la profpérité, du bonheur des empires & la gloire de l'homme & de l'humanité, la fin de la véritable Philofophie, & l'unique objet de la Religion dont le bonheur des hommes eft inféparable, puifque Dieu eft la fin derniere de l'homme, & la véritable Religion le moyen unique, qui l'unit à cette fin.

Après avoir expofé dans le *Tableau central* cette premiere vérité, frappé les yeux par l'éclat de la magnificence & de l'immenfité de la nature pour donner la plus haute idée de fon auteur, & tracé les grands traits capables d'exciter l'admiration & d'éclairer l'efprit (car il n'y a aucun effet venant de Dieu, par lequel on ne puiffe démontrer fon exiftence: « la véritable Phyfique, dit » *Fontenelle*, s'éleve jufqu'à devenir une efpece de Théologie; » plus les yeux ont vu, dit-il, plus la raifon voit elle-même «); il nous reftoit à parler au cœur, & tel eft l'objet du *Tableau des Sciences & des Arts & du Syftéme figuré des Connoiffances humaines*, où, par l'expofé des rapports glorieux de l'homme à la Divinité, des effets éclatans de *puiffance*, de *fageffe* & d'*amour* en faveur de l'humanité, l'homme reconnoît toute la dignité de son être ; & dans les attributs & les œuvres de Dieu même . qui est, dit *Bacon*, la source de toute science, tous ses motifs d'adoration, de respect & de reconnoissance. Et enfin dans le développement des connoissances humaines, l'homme verra, d'un côté, la prodigieuse étendue de ces connoissances pour en déduire la destination de son être & s'élever sans orgueil ; & de l'autre, les limites de son intelligence pour s'en humilier sans bassesse, & reconnoître les loix, la volonté de la suprême intelligence ; & par cette clarté, cette lumiere des sciences, qui vient de Dieu qui est le pere des lumieres, dit Bacon d'après l'Ecriture, & à laquelle tou les hommes, toutes les nations sont appelés, ils reconnoîtront la manifestation de sa bonté, y découvriront l'objet & la fin de leur être, le terme de leurs desirs, la consommation de leur bonheur & leur gloire.

Tels que soient donc les moyens qu'emploient les hommes pour arriver à la connoissance du premier principe des êtres, les Législateurs des peuples à la source des loix, les Instituteurs, les Philosophes de toutes les nations au premier principe des sciences humaines & de l'éducation, le *Tableau central des Opinions & de l'Education publique*, le *Tableau des Sciences & des Arts & le Systême figuré des Connoissances humaines*, seront toujours le résultat de l'exercice de leur raison ou de leur foi, & le centre commun de leur union, soit qu'ils remontent des effets à la cause par la Philosophie, ou que par l'autorité de la Religion ils descendent de la cause aux effets par la foi ; ou à moins qu'aveuglés par leur propre orgueil, au lieu de suivre les rayons de lumiere, qui dirigent vers le centre commun & en émanent, ils prennent la circonférence pour les rayons & ne faffent que courir autour du cercle : car combien même pour qui, dit un Auteur, ce seroit un bonheur de ne s'égarer qu'à l'entour.

Ainsi, toujours ces trois Ouvrages unis par leur objet offriront aux yeux & rappelleront sans cesse à l'esprit & au cœur, leur centre d'unité, & seront perpétuellement & pour toutes les nations, la base immuable des connoissances humaines, comme le précis & le frontispice de leur encyclopédie, l'exposé également du principe primitif des sciences & des arts, de l'éducation, de la politique, de la morale & de la religion véritable, enfin l'exposé des rapports éternels, qui unissent Dieu, l'homme & l'univers.

Rapports immuables, qui font de l'essence même de la vérité, & contre laquelle rien ne peut prévaloir, parce que la vérité est une, toujours la même, & que rien ne peut égaler sa lumiere & sa force. « Quoique les hommes en général, dit *Polybe*, semblent conjurés contre la vérité, & que l'opinion mette souvent dans son parti les conjectures & les vraisemblances, la vérité sait se faire jour au travers des illusions & montrer sa force & sa lumiere après avoir percé les ténebres par lesquelles on s'étoit efforcé de l'obscurcir : le mensonge se soutient quelque tems, mais à la fin la vérité triomphe toujours ».

Parce que la vérité est Dieu même dans sa substance, & en tant qu'elle nous est communiquée une émanation de la Divinité même; adhérer à la vérité, consentir à la vérité, c'est adhérer à Dieu, c'est mettre Dieu en possession du droit qu'il a sur nous. Cet acte seul, dit *Bossuet*, comprend tous les autres ; c'est le plus grand, c'est le plus élevé que nous puissions faire.

Le vrai trésor & la source du bonheur public est donc la vérité dans les esprits pour les éclairer, & son amour dans tous les cœurs pour les régler. Toutes les sciences en elles-mêmes sont donc bonnes lorsqu'elles sont appuyées sur la vérité; & l'ignorance n'est bonne à rien, & nuit à tout. Car aveugle, l'ignorance suit le torrent impétueux des passions, & bassement concourt à servir celles des autres, & de tous ceux qui, abusant de leurs lumieres, les font servir à leur propre avantage contre elle-même & au détriment de la chose publique.

Les sciences sont nécessaires à l'homme; car s'il a des droits à exercer, il a des devoirs essentiels à remplir, & il est important qu'il les connoisse & les observe; car c'est-là la plus utile & la plus solide de toutes les sciences; & c'est à l'éducation, en rétablissant les bonnes études & diminuant, autant qu'il est possible, l'abus du savoir, à donner des idées justes de chaque objet, & à apprendre à la masse des hommes, que la véritable *égalité* ne gît pas dans une insubordination grossiere, mais dans une bienveillance réciproque; que la véritable *liberté* consiste, non dans la licence, mais dans l'ordre ; non dans l'anéantissement des principes, mais à en dépendre, & mettre sa liberté à en être l'esclave, ainsi que de la loi, en rapportant le tout au bonheur de sa patrie, de l'humanité & sa gloire à celle de Dieu par la religion, la reconnoissance & l'amour. Car l'amour est le terme unique de l'action des cœurs, le principe universel par lequel il semble que Dieu ait voulu, comme par un principe commun, régir toute la nature & rappeler à son unité les corps par l'attraction, cette tendance respective des uns vers les autres pour en faire l'harmonie ; & les esprits & les cœurs par les lumieres & les inclinations vertueuses & libres pour y trouver leur bonheur. Car, aimez, dit l'Ecriture, & *aimez la vérité & la paix*, c'est toute la science, c'est toute la loi, la lumiere des esprits, & tout le bonheur des cœurs, & le centre de leur repos éternel.   A 4

L'art de l'éducation qui fe propofe de façonner l'homme, eft donc fondé fur la nature, fur le gouvernement & fur la religion; & l'objet des Légiflateurs & de l'Education publique, en envifageant ces trois points, eft de procurer aux efprits le plus haut degré de jufteffe & de capacité poffible; aux caracteres, le plus haut degré de bonté & d'élévation; & aux corps, le plus haut degré de force & de fanté. Ainfi, *foigner le corps, éclairer l'efprit & régler le cœur*, tels font les trois objets qui embraffent toute l'étendue de l'éducation; & le fruit des conféquences bien déduites du premier principe, expofé dans le *Tableau central*, à la gloire de l'Être fuprême, & développé dans le *Tableau des Sciences & des Arts*, à la gloire de l'homme & de l'efprit humain, où toutes les nations, tou les hommes appelés à l'unité du même principe, y font appelés pour jouir pendant leur vie de la même félicité & du même bonheur, & efpérer à leur fin une même véritable gloire. Car on a beau s'étourdir, fermer les yeux à la vérité, chercher dans f i-même ou dans les créatures la fource de nos lumieres, de notre félicité, écarter celle de Dieu & de la Religion, ces princ pes n'en feront pas moins immuables & feuls capables de concourir au bonheur public, d'éclairer l'homme & d'éclater à fa fin; car

> Quand l'homme a parcouru fon cercle limité,
> Ciel! avec quel éclat à fon heure derniere
> Se préfente la vérité!....

« Fuyez donc ceux, dit *J. J. Rouffeau*, qui, fous prétexte d'expliquer la nature, fement dans le cœur des hommes de défolantes doctrines, & dont le fepticifme apparent eft cent fois plus affirmatif & plus dogmatique que le ton décidé de leurs adverfaires, fous le hautain prétexte qu'eux feuls font éclairés, vrais, de bonne foi : ils nous foumettent impérieufement à leurs décifions tranchantes & prétendent nous donner, pour les vrais principes des chofes, les inintelligibles fyftêmes qu'ils ont bâtis dans leur imagination. Du refte, renverfant, détruifant, foulant aux pieds tout ce que les hommes refpectent, ils ôtent aux affligés la derniere confolation de leur mifere, aux puiffans & aux riches le feul frein de leurs paffions ; ils arrachent du fond du cœur le remords du crime, l'efpoir de la vertu, & fe vantent encore d'être les bienfaiteurs du genre humain. Jamais, difent-ils, la vérité n'eft nuifible aux hommes. Je le crois comme eux ; & c'eft à mon avis une grande preuve que ce qu'ils enfeignent n'eft pas la vérité . . . . Je vous avoue auffi que la majefté des Ecritures m'étonne ; la fainteté de l'Evangile parle à mon cœur. Voyez les livres des Philofophes avec toute leur pomp e : qu'ils font petits près de celui-là ! Se peut-il qu'un livre à la fois fi fublime & fi fimple, foit l'ouvrage des hommes ? Se peut-il que celui dont il fait l'hiftoire, ne foit qu'un homme lui-même ? . . . . L'Evangil a des caracteres de vérité fi grands, fi frappans, fi parfaitement inimitables, que l'inventeur en feroit plus étonnant que le héros. » (*Rouffeau, Emile.*)

Telle eft donc la fource unique de vérité, où toutes les nations, tous les hommes doivent puifer les regles de leur conduite & les principes primitifs de leur éducation, de leurs gouvernemens politiques, de tous leurs droits & de tous leurs devoirs. Tel eft ce livre précieux, la bafe de nos principes, & que l'aveugle erreur voudroit anéantir & réduire en cendres, comme fi les flammes avoient prife fur la vérité, pouvoient éteindre fon éternel éclat & la faire ceffer un inftant d'être la lumiere des efprits juftes & le bonheur des cœurs droits !

Ainfi, avec S. Paul, je ne rougis point de l'Evangile, ce livre divin que l'efprit de parti, le génie deftructeur & malfaifant, qui plane fur les Royaumes, les Républiques & les Empires, voudroit faire oublier : je n'en rougis pas, parce qu'il eft la vertu de Dieu pour fauver tous ceux qui croient, & que notre *Tableau central* & celui des *Sciences & des Arts* font deftinés à propager cette lumiere ; & en parlant aux yeux pour éclairer l'efprit & régler le cœur, rappeler toutes les nations, tous les hommes, tous mes Concitoyens à l'unité du même principe, pour y concentrer leur bonheur, y troüver leur plus grande gloire, faire fraternifer tous les peuples ; & par des principes d'humanité, leur faire chérir la vérité, la juftice & la paix, feules bafes de la profpérité des nations & du bonheur public.

Nota. Pour l'exécution de la gravure & l'impreffion du *Tableau des Sciences & des Arts & du Syftéme figuré des Connoiffances humaines,* deftiné à fervir de fuite & de développement au Tableau central gravé, l'Auteur propofe à ceux de fes Concitoyens que ce genre d'ouvrage intéreffe, une foufcription fans avance ; c'eft-à-dire, qu'il les prie de manifefter leur intention de concourir à l'exécution de cet ouvrage, en donnant feulement leur nom & leur demeure à l'adreffe ci-deffus. La foufcription fera proportionnée au nombre des Soufcripteurs, & ne fera pas moins de 3 livres, ni plus de 5 livres, ou la gravure & l'impreffion n'auront pas lieu.

MANUEL DES GENS DE LETTRES,

DES AMATEURS DES SCIENCES ET DES ARTS,
DES BIBLIOGRAPHES ET DES LIBRAIRES,

O U

Difpofitif général & bibliographique des fciences divines & humaines, pour fervir à la recherche & à l'ufage des ouvrages dont le *Tableau des Sciences & des Arts & le Syftéme figuré des Connoiffances humaines* préfente l'objet, la marche fyftématique, l'ordre de leur étude, leur fource & leurs rapports glorieux à leur principe :

Difpofitif également utile pour faire connoître les richeffes littéraires, faciliter l'arrangement & l'ufage des bibliotheques, & à défigner les objets du commerce de la Librairie, dont fans ceffe les Libraires peuvent être les dépofitaires & les difpenfateurs.

Les livres font des maîtres muets, dit *Aulugelle*; l'habitude de la lecture prife de bonne heure donne de l'expérience, forme le goût & infpire le bon choix des livres qui font, dit *Plutarque*, les inftrumens & la fource la plus féconde de la fcience qui éclaire l'efprit & regle le cœur.

LE goût pour les fciences, les travaux de l'efprit ont toujours fait partie du caractere des peuples qui ont fixé les yeux de l'univers; les tems où ils ont donné les exemples les plus frappans de grandeur, ont été les fiecles les plus lumineux. Oui, les vertus du cœur, comme les fciences du reffort de l'efprit, veulent être cultivées; la probité, pour être folide, veut être réfléchie : c'eft un édifice qu'il faut élever dans fon cœur fur des fondemens à l'épreuve des orages. La religion & la nature doivent en fournir les matériaux; la raifon doit en être l'architecte; & ce n'eft qu'à

force de travail, qu'elle parvient à perfectionner son ouvrage. Car le travail est à la société & pour l'homme ce que le mouvement est à l'univers ; c'est le premier fondement de la vraie grandeur de l'homme, comme la toute-puissance est le principe des œuvres de Dieu & de sa gloire ; mais Dieu crée & seul a cette énergie universelle de volonté qui donne à toute la nature *l'être, le mouvement & la vie* ; ce que fait l'homme n'est point une création, c'est un travail, source de bonheur & de gloire. Car c'est aux continuels travaux de l'esprit & du génie que nous devons tant de connoissances sublimes ou utiles, qui manifestent la noble origine de l'homme, & qui établissent ses droits sur la la nature, en immortalisant sa mémoire. Car les sciences seules, dit Bacon, peuvent donner l'immortalité, parce que la connoissance, le savoir & la raison sont les seules puissances sur la terre, dit cet illustre Philosophe, qui établissent leur trône dans l'esprit des hommes, & ce qui, par leur légitime pouvoir sur l'esprit, par l'évidence de la vérité & par une douce persuasion, les approchent le plus de la puissance divine. Tel est le noble empire dont nous allons tracer ici les plus vastes contrées, & que nous divisons d'après le principe reçu & leurs rapports de convenances, en cinq grandes parties ou divisions principales ; savoir, *Théologie, Jurisprudence, Histoire, Philosophie ou Sciences & Arts, & Belles-Lettres*, auxquelles nous appliquons les lettres de l'alphabet, pour désigner le rapport des matieres, faciliter les recherches, & en fixant l'œil, soulager & aider la mémoire.

THÉOLOGIE.

A.

Ecriture-Sainte, Bible ou ancien & nouveau Testament, Interprètes Juifs & Chrétiens, Critiques sacrées, Antiquités Hébraïques, & Dictionnaires de la Bible.

B.

Lithurgies ou Rits, Prieres, Livres d'Offices & Cérémonies de l'Eglise.

Conciles ou Actes, Décrets, Canons, Traités & Histoire des Assemblées générales & particulieres de l'Eglise, Conciles *œcuméniques* ou généraux de toute la Chrétienté, Conciles, *nationaux & provinciaux*, pour régler les affaires qui regardent la foi, la religion & la discipline.

C.

Peres de l'Eglife, grecs & latins, ou Auteurs Eccléfiaftiques qui nous ont confervé dans leurs écrits la tradition depuis les Apôtres jufqu'environ l'an 1280.

D.

Théologiens orthodoxes, ou Docteurs de l'Eglife grecque & romaine depuis le 13ᵉ fiecle jufqu'à préfent ; Théologiens fcholaftiques, moraux, Catéchiftes, & Prédicateurs afcétiques & myftiques, polémiques ou controverfiftes, & Auteurs qui ont écrit pour la défenfe de la Religion.

D 2.

Théologiens hétérodoxes, ou contraires à la véritable Religion, & auteurs d'erreurs particulieres, Athées, Spinofiftes, &c. & opinions fingulieres, tant du Paganifme que de nos jours.

JURISPRUDENCE.

E.

Droit canonique ou Regles du gouvernement de l'Eglife. (Les Conciles pourroient fe rapporter à cette partie comme fon texte.)

* E.

Droit de la nature & des gens, ou Traités de l'état de nature, des actions morales & des loix, des droits de l'homme & de fes devoirs envers Dieu, lui-même & les autres : de la fcience des gouvernemens & de la politique, & Droit refpectif des Nations.

F.

Droit civil ou national, tant ancien que moderne ; Droit Grec & Romain, Italien, François, Allemand, Anglois, &c. Loix, Traités & Mêlanges fur les perfonnes, les chofes & les actions, faifant la matiere de chacun de ces Droits.

HISTOIRE.

G.

Introduction à l'étude de l'Hiftoire, de la maniere de l'étudier &

de l'écrire ; Géographie, Chronologie & Histoire universelle de tous les tems & de tous les lieux ; Histoire moderne générale, Journaux historiques, & Science héraldique des Nations.

H.

Histoire ecclésiastique, tant de l'ancien que du nouveau Testament ; Histoire & Vies des Papes & des Cardinaux, Martyrologes, Vies des Saints, & Histoire des Ordres religieux, des Hérésies & des Inquisitions.

I.

Histoire ancienne, Grecque, Byzantine des Sarrasins & des Turcs, & Histoire Romaine ancienne, antiquités & médailles.

K.

Histoire d'Italie, Histoire de Rome moderne & des différens Etats d'Italie & des iles de Sicile & de Sardaigne.

L.

Histoire de France, Description géographique, Itinéraires, & Histoire de l'ancienne Gaule ; Histoire générale du Royaume & des Rois de France ; Histoires & Mémoires particuliers sous chaque regne, & Histoire de la Révolution ; Description & Histoire particuliere des Provinces, Départemens & Villes, & Histoire & Vies des personnages illustres dans l'administration, les armes, &c., & Mélanges.

M.

Histoire d'Allemagne & de l'Empire, de la Suisse, de la Prusse, & Histoire de l'Europe orientale ou des Etats de Hongrie, de Pologne, de Russie, & Histoire des pays du Nord, Danemarck, Norwege, Islande, Suede & Laponie, & Histoire des Provinces-unies des Pays-bas.

N.

Histoire de trois royaumes, d'Angleterre, d'Ecosse & d'Irlande.

O.

Histoire d'Espagne & de Portugal, des Pays hors de l'Europe, Asie, Afrique & Amérique ; & Voyages autour du monde & dans chacune de ses parties.

P.

Hiſtoires mêlées , Vies & Eloges des perſonnes illuſtres des deux Sexes dans les arts & les ſciences ; Hiſtoire des Lettres & des Académies , & Dictionnaires hiſtoriques.

Q.

Hiſtoire littéraire , Journaux & Bibliographes , Catalogues , Deſcriptions de Bibliotheques , & Dictionnaires bibliographiques.

PHILOSOPHIE ou SCIENCES ET ARTS.

R.

Philoſophes anciens, grecs & latins, les Philoſophes modernes, & les Traités de Logique, de Métaphyſique, de Phyſique théorique & expérimentale ſur les Elémens, & les Phénomenes céleſtes & terreſtres ; la Morale, l'Economie, & les Traités d'éducation.

S.

Hiſtoire naturelle en général par les Auteurs anciens & modernes, & Traités particuliers ſur chacun des trois regnes de la nature, les Animaux, les Végétaux & les Minéraux, & Ouvrages particuliers, où l'on traite de leur nature , de leurs ſoins & de leurs uſages appliqués aux beſoins dé l'homme, & de leur diſpenſation par le commerce.

T.

Médecine ; Introduction & Traités préparatoires à l'étude de la Médecine, Ouvrages des Auteurs anciens , arabes, grecs & latins & les modernes, rangés par Nations ; & Traités particuliers de Médecine, d'Anatomie, de Chirurgie, de Pharmacie, de Chymie & Alchymie, des Rémedes & des alimens.

V.

Mathématiques, & leurs différentes parties. Traités généraux & Traités particuliers d'Arithmétique, d'Algebre & de Géométrie. Optique, Catoptrique & Dioptrique, Aſtronomie & Traités de la Sphere & des Globes, Gnomonique & Aſtrologie.

Architecture civile & militaire, ou Fortifications, Art militaire, Tactique, Marine, Art du Pilotage & Construction des vaisseaux, Hydraulique, Hydrostatique & Machines.

Beaux Arts, ou Traités de Peinture, Sculpture, Gravure, Art de l'Ecriture & de l'Imprimerie, Musique & Danse, & Arts Méchaniques, Menuisier, Tourneur, Serrurier, &c........ & Secrets des Arts.

BELLES-LETTRES.

X.

Grammairiens, Introduction & Traités préliminaires sur l'origine, l'étude & la connoissance des Langues, Grammaires Hébraïques, Grecque, Latine, Italienne, Françoise, Espagnole, Portugaise, Allemande, Angloise, Irlandoise, Danoise, &c.......

Rhéteurs & Orateurs. Introduction à l'Art Oratoire, ou Traités de Rhétorique, & Orateurs anciens, Hébreux, Arméniens, Grecs, Latins ; & les modernes, distingués par Nations, Italiens, François, Espagnols, Portugais, Allemands, Anglois, &c.......

Y.

Poëtes, Introduction à la Poésie, Mithologie Histoire, & Arts Poétiques.

Poëtes Hébreux, Arabes, Grecs, Latins, & les modernes rangés par Nations, Poëtes Italiens, Poëtes François, Mysteres, Moralités, Romans en vers, & Poëtes François, par ordre chronologique. Théâtres, & Recueils de Poésie Françoise. Poëtes Espagnols, Portugais, Anglois, &c........ Et Auteurs de Fables & d'Apologues anciens & modernes.

Y 2.

Romans, Traités sur l'origine, la composition & la lecture des Romans, & Romans Grecs & Latins. Romans François, de Chevalerie, d'aventures amoureuses, sous des noms empruntés de la Fable ou de l'Histoire, Romans imaginaires & sous diverses dénominations, Nouvelles, Contes de Fées, Voyages imaginaires & Songes, Romans philosophiques, moraux, politiques, mystiques, allégoriques, comiques & satyriques, &c.... Romans Italiens, Espagnols, Allemands, Anglois, &c. Dissertations plaisantes & badines sur toutes sortes de matieres, de Jurisprudence, d'Histoire, de Philosophie & de Belles-Lettres.

Z.

Philologues & Polygraphes. Introduction à la Philologie, ou Littérature univerfelle qui s'étend fur toutes fortes de Sciences & d'Auteurs. Traités des Etudes, des Maitres & des Etudians, Encyclopédie, Cours de fciences, & Dictionnaires des arts & des fciences. Traités de critiques ou Interprétations & Eclairciffemens fur les Auteurs anciens & modernes. Traités du Style épiftolaire, & Lettres diftinguées par Langues. Dialogues & Entretiens, Satyres & Invectives, Eloges, Apologies & Défenfes, Allégories, Hiéroglyphes, Symboles, Emblêmes, Enigmes, Apophtegmes, Adages, Proverbes, Sentences, bon mots, Ana, Efprit & Penfées des Auteurs.

Polygraphes ou Auteurs dont les œuvres font compofées de matieres diverfes ; Collection de leurs œuvres diftinguées par nations ; Polygraphes Grecs, Latins, Italiens, François, Anglois, &c. Hiftoires & Mémoires des diverfes Académies de Belles-Lettres.

Tel eft le précis de l'ordre bibliographique, qui, divifé & fubdivifé felon l'étendue des matieres, fait la bafe de la difpofition fcientifique & générale de toutes les bibliotheques & collections de livres, & de toutes les fciences humaines.

Et telle eft auffi l'idée de l'ouvrage propofé, qui préfente aux yeux, à l'efprit & au cœur les vérités immuables, les principes inaltérables auxquels il faut revenir fi l'on entend fes véritables intérêts, ceux de fa patrie, fa gloire & le bonheur de l'humanité.

A PARIS,

Chez les Freres Chevret, *aux Freres unis*, paffage Saint-Germain l'Auxerrois, vis-à-vis la principale porte de l'Eglife, en face de la colonade du Louvre, chez qui l'on trouve indiftinctement ce qui a rapport à la Librairie, la Géographie & la Mufique, & particulierement *le Tableau central* & les Œuvres de l'Auteur, *in-8°.* brochées, 5 liv.

A Paris, de l'Imprimerie de N. H. Nyon, rue Mignon.

TABLE

DES ŒUVRES DE JEAN CHEVRET.

Nota. Après avoir parlé à l'efprit dans le *Tableau central des Opinions & de l'Éducation publique*, & expofé aux yeux l'ordre & le mécanifme admirable de la nature, fait fentir les rapports qui uniffent Dieu, l'homme

& l'univers, préfenté l'idée de la trinité, l'unité de fon principe, & l'accord de la véritable Philofophie avec la Religion, & pofé ainfi le principe univerfel des fciences & de l'éducation, il nous reftoit à parler au cœur & à développer plus particulièrement les rapports glorieux de l'homme à la Divinité, déduire de leur unique principe les fciences humaines & en donner le précis, & par la reconnoiffance élever l'efprit & le cœur de l'homme à la connoiffance & l'amour du principe fouverain, pour y concentrer fon bonheur & fa gloire ; car il eft difficile qu'en contemplant la grandeur de Dieu, l'ame frappée d'un fi grand objet, ne s'empreffe à le poffeder par amour, après l'avoir cherché par l'inrelligence.

Tel eft l'objet que nous nous fommes propofé dans le *Tableau des Sciences & des Arts*, & le *Syftéme figuré des connoiffances humaines*, préfentés fous verre & en deffins à la Convention nationale qui en a agréé l'hommage & fait la mention honorable dans fon procès-verbal du 20 Novembre 1792.

Ce développement du Tableau central que nous propofons aujourd'hui pour être imprimé & gravé, en offrant aux yeux le précis de nos richeffes dans les fciences & les arts qui font l'ornement & la gloire de l'efprit humain, tend à prémunir la jeuneffe contre les faux principes, & particulièrement contre le dangereux fyftême de l'athéifme qui rapporte tout à la nature, pour en méconnoître l'Auteur ; fyftême qui fe répand aujourd'hui dans tous les écrits, même dans les ouvrages élémentaires & les projets d'Inftruction publique, opinion abfurde & monftrueufe, « contre » laquelle il feroit à fouhaiter, dit *Leibnitz*, que les favans réuniffent » toutes leurs forces & ne fouffriffent pas qu'un mal qui ne tend à rien » moins qu'à l'anarchie univerfelle & au renverfement de la fociété, » fît parmi eux de plus grands progrès ; car ce qui m'intéreffe, moi & » mes femblables, dit *J. J. Rouffeau*, c'eft que chacun fache qu'il exifte » un arbitre du fort des humains, qu'il eft une autre vie dans laquelle » cet Être fuprême fera le rémunérateur des bons & le juge des méchans. » Vérités religieufes que virent les beaux jours de la Grece & de Rome, & que l'athéifme qui fe répandit dans ces contrées, fit évanouir avec leurs mœurs, leur fplendeur & leur puiffance.

O mes Concitoyens ! il ne s'agit point ici d'un leger intérêt, il s'agit de la profpérité, du bonheur de la République ; il s'agit de nous-mêmes de notre tout, d'un anéantiffement impoffible à prouver, & d'une éternité heureufe ou malheureufe que réclament l'ordre, la juftice, l'intérêt des affligés, des malheureux, & que defirent les ames honnêtes ; car perfonne ne nie la Divinité, dit *Bacon*, que ceux qui croyent avoir intérêt qu'il n'y en ait point. Or pour n'en pas douter, inftruifez vos enfans, tenez votre ame & la leur, pour me fervir des expreffions de *J. J. Rouffeau*, en état de defirer toujours qu'il y ait un Dieu, & vous n'en douterez jamais.

On prie les perfonnes qui voudront fe procurer le *Tableau des Sciences & des Arts*, & le *Syftéme figuré des connoiffances humaines* que nous nous propofons de faire imprimer & graver, pour fervir de développement, de milieu & de pendant au *Tableau central*, de faire connoître leur intention, en donnant fimplement leur nom & leur demeure,

A PARIS, AUX FRERES UNIS, paffage Saint Germain-l'Auxerrois, côté du Louvre.

A MEULAN, chez le Citoyen LE BLOND, Notaire.